Mon chat

Titre original de l'ouvrage : « Mi gato »
© Parramón Ediciones, S.A.
© Bordas. Paris. 1990 pour la traduction française
I.S.B.N. 2-04-019217-4
Dépôt légal : Octobre 1990

Traduction : C. Diaz-Bosetti (agrégée d'espagnol)
Adaptation : S. Goulfier (psychologue scolaire)

Imprimé en Espagne par
EMSA, Diputación, 116
08015 Barcelona, en septembre 1990
Dépôt légal : B. 28.203-90
Numéro d'Éditeur : 785

Toute représentation ou reproduction, intégrale ou partielle, faite sans le consentement de l'auteur, ou de ses ayants droit ou ayants cause, est illicite (loi du 11 mars 1957, alinéa 1er de l'article 40). Cette représentation ou reproduction, par quelque procédé que ce soit, constituerait une contrefaçon sanctionnée par les articles 425 et suivants du code pénal. La loi du 11 mars 1957 n'autorise, aux termes des alinéas 2 et 3 de l'article 41, que les copies ou reproductions strictement réservées à l'usage privé du copiste et non destinées à une utilisation collective d'une part et, d'autre part, que les analyses et les courtes citations dans un but d'exemple et d'illustration.

la bibliothèque des tout-petits

I. Sanchez / M. Rius

Mon chat

Bordas

La chatte de mes grands-parents vient d'avoir des chatons.

– Je voudrais un petit chat,
dit Antoine.
– D'accord, mais il faudra
bien t'en occuper !

Vite, rentrons à la maison ! Nous allons choisir un nom à ce chaton.

– Miaou, miaou...
Comme il est mignon !
Il doit avoir faim...
Nous l'appellerons Moustache.

Bien installé dans sa corbeille,
Moustache fait sa toilette.
Il passe ainsi de longs moments
à se lécher et à se lisser le poil.

Quand nous rentrons de l'école, Moustache se précipite et se frotte contre nos jambes pour nous saluer.

Il aime s'amuser avec nous, mais il peut aussi jouer tout seul avec une balle pendant des heures.

Hum... ce repas est bien appétissant... Quelle bonne odeur !

Dans le jardin, Moustache poursuit un papillon : c'est un chasseur infatigable.

Il hérisse le poil et fait le gros dos : réussira-t-il à effrayer le chien des voisins ?

Moustache est très frileux :
il se blottit contre nous.
Quand nous le caressons,
il ronronne de plaisir.

Puis il regagne son panier
et s'endort.
Comme il est tranquille !

Dans les concours, les chats de race gagnent des prix, mais, pour moi, Moustache est le plus beau de tous. J'aime bien mon chat !

MON CHAT

Le chat appartient à la famille des félidés. Dans l'Égypte ancienne, il y a plus de 4000 ans, il était vénéré religieusement et avait droit à des funérailles officielles. Sa domestication est relativement tardive (vers 1800 av. J.-C.) ; il était apprécié pour ses dons de chasseur de rongeurs et de serpents et fut dressé pour rapporter le gibier.

Le chat actuel est encore très proche du chat sauvage, il possède l'instinct et toutes les caractéristiques du félin chasseur : un squelette souple, des muscles puissants, des griffes solides. C'est un carnivore, mais à l'état sauvage il est aussi herbivore. Il attrape les souris et les petits rongeurs, les serpents, les poissons et les oiseaux ; il peut même attaquer des mammifères de la taille d'un lapin.

La chatte a, en général, de 4 à 6 chatons. Elle joue beaucoup avec eux et les initie à la chasse. On ne peut les sevrer et les séparer de leur mère avant l'âge de 6 semaines.

Les sens

Le chat a **une vue perçante**, surtout la nuit : s'il ne différencie pas les couleurs et distingue mal les objets fixes, il est très sensible aux mouvements. La taille de ses pupilles varie selon l'intensité de l'éclairage : elles se dilatent dans l'obscurité pour absorber le plus de lumière possible, alors que ce sont des fentes étroites en plein jour.

L'ouïe est très fine : le chat décèle avec acuité des sons inaudibles pour l'être humain. La mobilité de ses oreilles lui permet de localiser immédiatement la source sonore.

Son odorat est très développé. Il lui permet de repérer ses proies à grande distance. Il semble éprouver beaucoup de plaisir à reconnaître certaines odeurs (entre autres l'odeur de son maître).

Les organes les plus sensibles du chat sont **les moustaches** ou vibrisses, longs poils très inervés. Elles lui servent de radars pour prévenir de la présence d'un ennemi ou d'un obstacle.

Il a un remarquable **sens de l'équilibre** grâce à la structure interne de son oreille et à sa queue qui lui sert de balancier : il peut marcher le long d'un toit sans problème ou grimper tout en haut des arbres, mais il ne sait pas toujours redescendre ; s'il tombe, il se retrouve généralement sur ses quatre pattes.

L'accueil au foyer

Le caractère du chat n'est pas nettement déterminé par la race, il varie selon les individus et la manière dont il est élevé. Un chat adulte peut avoir des réactions de méfiance avec ses nouveaux maîtres.

Le chat a besoin d'un territoire bien à lui : une caisse avec de la litière, un récipient pour la nourriture et un pour l'eau, un panier en osier ou un carton avec une couverture pour son lit. Il faut choisir un coin tranquille à l'abri des courants d'air.

C'est un animal naturellement propre, mais en appartement un dressage est nécessaire : il faut fixer des règles dès le début avec fermeté. Il obéit au ton de la voix et à une petite tape du bout des doigts. Le dressage est facile à condition d'être cohèrent, de ne pas introduire de confusion en permettant un jour une chose interdite la veille.

Alimentation

Si un chaton absorbe 4 repas légers par jour, pour un chat d'un an, un ou deux repas suffisent. En fait le chat vit au même rythme que ses maîtres : le lait du matin est un bon apport de protéines, calcium et minéraux. À midi et le soir, il mange de la viande ou du poisson avec des légumes cuits. Néanmoins, les repas préparés pour les chats offrent un grand choix de goûts et sont bien équilibrés.

Il faut aussi leur donner de l'herbe : elle les aide à rejeter les poils qu'ils avalent en faisant leur toilette.

La toilette

Les chats ont un sens aigu de la propreté et se lavent regulièrement : avec leur langue rugueuse ils se lèchent tout le corps et atteignent les parties les plus difficiles avec leur patte humectée de salive.

Il est bon de les peigner fréquemment (surtout s'ils sont à poil long) et de les brosser 2 à 3 fois par semaine. Un bain est recommandé de temps en temps avec de l'eau tiède et un shampooing doux.

Les chats ont aussi besoin de « se faire les griffes » ; il existe, pour les appartements, des « blocs à griffer ».

Il est bon de leur couper les griffes de temps en temps.

Les soins

Des parasites s'installent parfois dans les oreilles, et les puces envahissent la fourrure : cela demande une surveillance. La faiblesse, les vomissements, le manque d'appétit sont des signes de maladies qui demandent l'intervention d'un vétérinaire. C'est lui aussi qui pratique les vaccins destinés à immuniser le chat contre certaines maladies, comme le vaccin contre le typhus qui est administré à partir de 3 mois.

Les races

Parmi les chats à poil long, les angoras et les persans sont les plus fréquents : ils ont une fourrure très longue et très fournie, une tête ronde et une allure majestueuse. Les races de chats à poil court sont très nombreuses : les plus connus sont sans doute les siamois à la tête triangulaire et à la robe pâle qui s'assombrit généralement en grandissant. Ils vivaient à la cour des Thaïs (royaume de Siam) il y a 400 ans.

La race la plus abondante est celle du chat européen domestique.

Le chat est un agréable compagnon

Il partage réellement une relation affective avec ses maîtres et sait le manifester de plusieurs manières ; dans ses mouvements, par exemple : il les accueille en se frottant contre leurs jambes. Sa queue lui sert à exprimer ses états d'âme : dressée c'est la satisfaction, hérissée c'est la colère, repliée la peur et les balancements sont un signe de nervosité.

Il dispose d'un véritable langage avec les miaulements qui sont modulés selon ses besoins. Le ronronnement est la manifestation caractéristique du bien-être : bouche fermée, il fait vibrer ses cordes vocales. Il est très sensible aux caresses. Le chat est donc un compagnon de choix pour l'enfant.

Bordas Jeunesse

BIBLIOTHÈQUE DES TOUT-PETITS

de 3 à 5 ans

Conçue pour les enfants de 3 à 5 ans, la *Bibliothèque des tout-petits* leur permet de maîtriser des notions fondamentales mais un peu abstraites pour eux : la perception sensorielle, les éléments, le rythme des saisons, les milieux de vie...
Ses diverses séries, constituées en général de 4 titres pouvant chacun être lu de manière autonome, en font une mini encyclopédie dont la qualité graphique, la précision et la fraîcheur de l'illustration sollicitent la sensibilité, l'imagination et l'intelligence du tout-petit.

LES QUATRE MOMENTS DU JOUR
Le matin
L'après-midi
Le soir
La nuit

LES QUATRE SAISONS
Le printemps
L'été
L'automne
L'hiver

LES QUATRE ÉLÉMENTS
La terre
L'air
L'eau
Le feu

LES ÂGES DE LA VIE
Les enfants
Les jeunes
Les parents
Les grands-parents

LES CINQ SENS
L'ouïe
Le toucher
Le goût
L'odorat
La vue

JE DÉCOUVRE
Je découvre le zoo
Je découvre l'aquarium
Je découvre les oiseaux
Je découvre la ferme

JE VOYAGE
En bateau
En train
En avion
En voiture

UN JOUR À
La mer
La montagne
La campagne
La ville

RACONTE-MOI...
Le petit arbre
Le petit lapin
Le petit oiseau
Le petit poisson

MON UNIVERS
Voilà ma maison
Voilà ma rue
Voilà mon école
Voilà mon jardin

À L'ÉCOLE
Vive mon école !
Vive la classe !
Vive la récréation !
Vive les sorties !

JOYEUSES FÊTES !
Joyeuses Pâques !
Joyeux carnaval !
Joyeux anniversaire !
Joyeux Noël !

MES GESTES QUOTIDIENS
Quand je me lave
Quand je m'habille
Quand je mange
Quand je me soigne

MES ANIMAUX FAMILIERS
Mon chat
Mon chien
Mon hamster
Mon oiseau

Pour éclater de lire